\ 簡単！/

3つのステッチから始める

文字刺しゅう BOOK

ゆるくてかわいい図案181つき！

ありま

はじめに

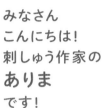

みなさん
こんにちは!
刺しゅう作家の
あります
です!

『簡単!
3つのステッチ
から始める
文字刺しゅう
BOOK』
を手に取って
くださり
ありがとう
ございます!

文字刺しゅうとはその名のとおり文字を刺しゅうしたもの

通園
通学グッズや

推し活

HAPPY
WEDDING

記念アイテム
などに……

この本ではそのコツや楽しみ方を紹介しています

この本の使い方 ❶ 3つのステッチでできる!文字の刺しゅう

シンプルな文字の
刺しゅうなので
初心者さんでも
挑戦しやすい!

刺し方のコツをマスターすれば
どんなフォントでも刺せる!

② 基本の3つのステッチ＋6つのステッチでできる！ワンポイント刺しゅう

フルーツやどうぶつ、
乗りものなど、
ワンポイントに
使える図案を
たっぷり
収録しています

文字の刺しゅうに添えてもかわいい！

③ 身近なものへの刺しゅうアイデア！

帽子

月齢ぬいぐるみ

2

1

3

シューズタグ

園グッズのほか
SNSで人気だった
月齢ぬいぐるみ
をはじめ、
赤ちゃんから使える
手作りアイテムも
ご紹介しています

今回は刺しゅう
初心者の
まりあさんと
一緒に刺しゅうを
学んで
いきましょう！

まりあさん
今年度から
一人息子の
しゅうくんが
入園予定です

はじまり
はじまり

LET'S TRY BASIC

図案掲載ページ

EMBROIDERY!

基本のステッチだけで
こんなにかわいい！

CONTENTS

PART 3

文字と組み合わせて使える ワンポイント図案集

COLUMN
服のトラブルに使える！

PART 4

身近なものに 刺しゅうしてみよう！

COLUMN
汚れを隠す！

この本の使い方

PART3 と PART4 を例に、
この本の使い方と図案の見方を解説します。

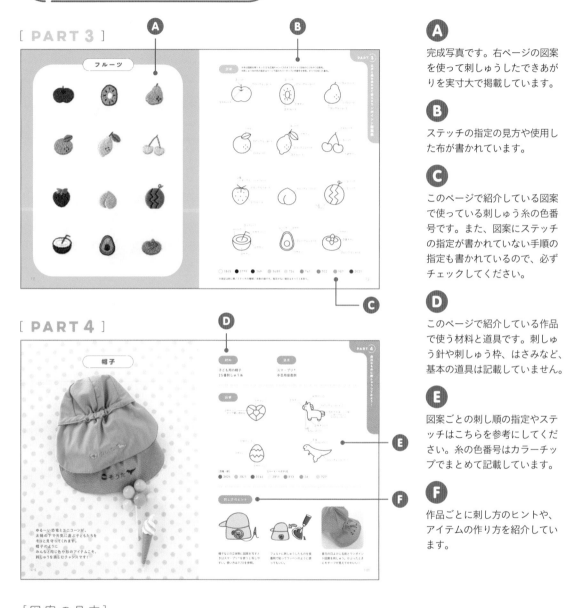

[PART 3]

Ⓐ フルーツ

Ⓑ

Ⓒ

[PART 4]

Ⓓ 帽子

Ⓔ

Ⓕ

Ⓐ 完成写真です。右ページの図案を使って刺しゅうしたできあがりを実寸大で掲載しています。

Ⓑ ステッチの指定の見方や使用した布が書かれています。

Ⓒ このページで紹介している図案で使っている刺しゅう糸の色番号です。また、図案にステッチの指定が書かれていない手順の指定も書かれているので、必ずチェックしてください。

Ⓓ このページで紹介している作品で使う材料と道具です。刺しゅう針や刺しゅう枠、はさみなど、基本の道具は記載していません。

Ⓔ 図案ごとの刺し順の指定やステッチはこちらを参考にしてください。糸の色番号はカラーチップでまとめて記載しています。

Ⓕ 作品ごとに刺し方のヒントや、アイテムの作り方を紹介しています。

[図案の見方]

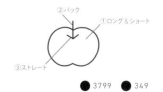

②バック
①ロング＆ショート
③ストレート

● 3799   ● 349

● 刺し順／ステッチの種類（「ステッチ」は省略）／糸の本数の順に指定が書かれています。指定を見ながら①→②→③というように、順番に刺してください。
● ステッチの指定がないところは、欄外に「指定以外の目・鼻・口はストレート（3）」などと記載しているので参考にしてください。
● 糸の色はページごとにDMC25番糸の色番号を記載しています。完成写真も参考にしながら刺してください。

PART 1

刺しゅうの基礎を学ぼう！

最初に揃えたい道具のこと、
針や糸の選び方、
基本の糸の扱い方など、
まず覚えたい刺しゅうの
基礎知識をまとめました。
これから刺しゅうを
スタートする方は、
ぜひ参考にしてください。

刺しゅうって
やったことないけど、
かわいくて
好きなんだよね〜
お名前刺しゅう
やってみたいなぁ

ということで……！

ステッチどころか道具のことさえ
わからないのですが……私にもできますか？

※2人は ご近所さんです

なるほど
おまかせください！
まず揃えたい
道具のことや
糸の扱い方まで
刺しゅうの基本のきを
ご紹介しますね

まずは道具を準備しよう!

［基本の道具］

刺しゅう枠

布をピンと張るための道具。枠を使うことで刺しゅうがしやすく、仕上がりもきれいになります。大きさは図案によって変えますが、直径10cmの刺しゅう枠が使いやすくオススメです。

針

刺しゅうには、一般的にフランス刺しゅう針を使います。針穴が縦に広くあいているので、束になった刺しゅう糸も通しやすいです。

糸

もっともよく使われるのが、25番刺しゅう糸。ほかにもさまざまな太さや、質感のものがあります。タグには各メーカーの色番号が書かれています。

糸通し

刺しゅう糸専用の糸通し。6本どりなど、糸の本数が多いときにあると便利です。

リッパー

糸を切るときに使用します。はさみでは切りにくい、細かい部分の糸を切るときに便利です。

刃先が細いはさみ・糸切りばさみ

糸や布を切るときに使います。私は刃先が細いはさみを使っていますが、糸切りばさみがあるとさらに便利です。

裁ちばさみ・ピンキングばさみ

裁ちばさみは通常のはさみよりも重く、布をまっすぐに裁ちやすいです。布のほつれ防止として、ギザギザに切れるピンキングばさみ（右）もあると便利です。

マスキングテープ

図案を写すときに、図案と布がずれないよう留めるために使います。文房具店などで販売されているもので大丈夫です。

［図案を写す道具］

トレーシングペーパー

図案を写すときに使う半透明の紙。

手芸用複写紙

図案を布に写すときに使います。

セロファン

図案の上に重ねると、紙が破れず
スムーズに写せます。

トレーサー

図案をなぞって布に写す
ときに使います。ボール
ペンなどでも代用可能。

スマ・プリ®

透明な、水に溶ける転写シール。図案を写し
て布に貼り、上から刺しゅうして使います。
細かい図案を刺すときや、フェルトなど図案
が写しにくい布に刺しゅうする場合に便利。
使い終わったシートは水につけて溶かします。

株式会社ルシアン

［刺しゅう糸の選び方］

DMC　COSMO　オリンパス　アンカー

ひとくちに刺しゅう糸と言ってもメーカーに
よって異なり、同じメーカーでも太さや素材、
質感の違いなどさまざまな糸があります。も
っともよく使われる25番刺しゅう糸だけで
も、各メーカー500色近くの色展開がある
ほど。いろいろ試しながら、自分好みのもの
を見つけましょう。

25番刺しゅう糸

6本の糸がより合わさって1本の
束になっています。刺しゅうする
ときは適当な長さに切って、必要
な本数を1本ずつ抜き取って使い
ます。本書では主にDMCの25
番糸を使用しています。

DMC25番糸

刺しゅう針の選び方

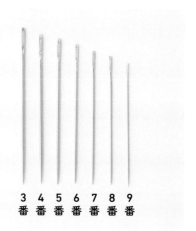

［針の種類］

フランス刺しゅう針にはさまざまな太さ・長さがあり、糸の本数や太さ、布の厚み、ステッチなどによって使い分けます。数字が小さいほど太く・長く、大きいほど細く・短くなります。布通りがよく、糸がスムーズに通る大きさの針穴の針を選びましょう。

3　4　5　6　7　8　9
番　番　番　番　番　番　番

［針の番号と糸の本数、布の厚さの対応］

針の番号	糸の本数	布の厚さ
3番	6本どり	厚地
4番	5〜6本どり	厚地
5番	4〜5本どり	普通地
6番	3〜4本どり	普通地
7番	2〜3本どり	薄地
8番	1〜2本どり	薄地
9番・10番	1本どり	薄地

※クロバー製の針の場合。

［さまざまな布の種類］

綿（ツイル）

綿
（オックスフォード）

綿（シーチング）

麻（リネン）

フェルト

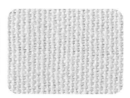

帆布

フランス刺しゅうの場合は、針が通れば基本的にどんな素材の布にも刺すことができます。特に綿や麻などの平織り（縦糸と横糸が等間隔に交差して織られた布）は刺しやすく、よく使われています。織り目が大きいガーゼや、伸びやすいTシャツなどにはスマ・プリ®（P.20参照）を使うと刺しやすくなります。

刺しゅう枠の使い方

［基本の使い方］

1 刺しゅう枠のネジをゆるめて外枠を取り外す。

2 内枠に布を重ねる。

3 ②の上から外枠をはめる。

4 布がピンと張るように整え、ネジを締めて固定する。

POINT

布を軽くたたいて「ポンポン」と太鼓のような音がしたら、しっかり布が張れています。布を張るときは、引っ張りすぎて織り目がゆがまないように気をつけましょう。

［小さい布やリボンの場合］

刺しゅう枠より小さい布や、リボン状の布の場合は、はぎれなどに縫いつけてから刺しゅう枠にセットする。

［布の端に刺しゅうする場合］

布の端に刺しゅうする場合は、刺しゅうしたい布の形に合わせてはぎれをカットし、縫いつけてから刺しゅう枠にセットする。

糸の扱い方

動画でCHECK!

［基本の扱い方］

25番刺しゅう糸の場合、指定の本数を1本ずつ引き出して、揃えて使います。6本どりで刺しゅうする場合でも、1本ずつ引き出してから揃えて使います。

1 糸を引き出して使いやすい長さ（60㎝ほど）に切る。

2 糸をおさえながら1本ずつ引き出す。1本どりの場合は1本、2本どりの場合は2本など、必要な本数を引き出す。

3 使う本数を合わせて糸端を揃える。

［糸の本数による違い］

糸を1本使う場合を「1本どり」といい、図案に合わせて1〜6本どりまで使い分けます。糸の本数によって刺しゅうの印象が変わるので、図案や好みに合わせていろいろ試してみてください。

1本どり
2本どり
3本どり
4本どり
5本どり
6本どり

動画で CHECK!

［糸の通し方］

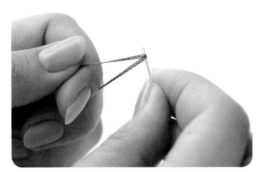

1 糸端から20cmほどのところで二つ折りにし、針にかける。

2 二つ折りにした糸を、指でぎゅっとつぶす。糸をおさえたまま、針を下方向に引き抜く。

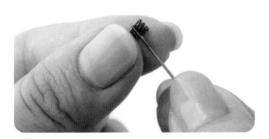

3 平らになった折り山を針穴にそっと通す。

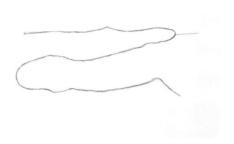

4 1：2の長さのところまで針を移動させる。

なかなか
通らないときは
糸通しを使おう

刺し始めと刺しおわり

動画でCHECK!

［玉結びの作り方］ 裏に針目の少ないステッチの場合は、玉結びを作って始めるといいでしょう。

1 針に糸を通したら一方の手に針を持ち、輪になるように糸を針に添わせる。

2 針と糸の端をおさえたまま、糸を針に2〜3回巻きつける。

3 針を立て、糸を下へ引く。

4 巻きつけた糸をおさえながら、針を引き抜く。

5 玉が糸端にきたら完成。

スムーズにできるまで練習しよう！

動画でCHECK!

［線の刺しゅう］ 線を刺しゅうする場合によく使われる糸始末の方法です。

1 【刺し始め】図案から少し離れた場所に表面から針を入れる。

2 針2〜3本分の長さを出しておき、そのまま図案に沿って刺しゅうをする。

3 【刺しおわり】裏面の糸に針を何度かくぐらせてカットする。**2**で出しておいた糸も同様にくぐらせカットする。

動画でCHECK！

［玉留めの作り方］

裏に針目の少ないステッチの場合は、
玉留めでおえるといいでしょう。

① 裏面の最後のステッチに針を重ねる。

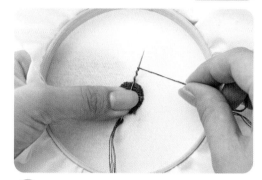

② 糸を針に2〜3回巻きつける。

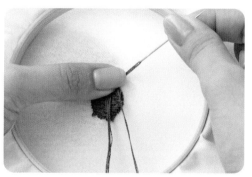

③ 巻きつけた糸をおさえながら針を引き抜く。

④ 裏面の糸に針を何度かくぐらせてカットする。

動画でCHECK！

［面の刺しゅう］

面を埋める刺しゅうの場合によく使われる
糸始末の方法です。

① 【刺し始め】図案の中心に表面から針を入れ、少し糸を残してバックステッチをする。

② そのまま刺しゅうを進め、図案に沿って数針ステッチをした後に糸端をカットする。

③ 【刺しおわり】裏面の糸に針を何度かくぐらせてカットする。

図案の写し方＆仕上げ

［トレーシングペーパーの場合］

1. 図案にトレーシングペーパーを重ね、マスキングテープで留める。鉛筆やペンで図案をなぞる。

2. 刺しゅうする布に❶のトレーシングペーパーを重ね、まち針かマスキングテープで留める。

3. 布、複写面を下にした複写紙、トレーシングペーパー、セロファンの順に重ね、トレーサーで図案をなぞる。

［スマ・プリ®の場合］ タオルやTシャツなどにも刺しやすくなる。

1. 図案に適当な大きさにカットしたスマ・プリ®を重ね、水性ペンで写す。

2. 透明のシートからシールをはがし、刺しゅうしたい部分に貼る。貼った上から刺しゅうする。

3. 刺しおわったら水につけてスマ・プリ®を溶かす。

［仕上げ］

1. 刺しゅう枠から布を外し、水を含ませた綿棒で図案線をやさしくたたいて消す。霧吹きで水を吹きかけてもいい。

2. 厚手のタオルに刺しゅうの裏面を上にして置き、アイロンをかける。サテンステッチなどの立体的な刺しゅうはよけながらかける。

PART 2

文字刺しゅうをしてみよう!

基本を身につけたら
早速文字刺しゅうを
してみましょう。
本書で主に使う
基本の3つのステッチの
刺し方から、
細い文字・太い文字を刺す
場合のポイント、
完成写真＆文字の図案まで
たっぷりご紹介します。

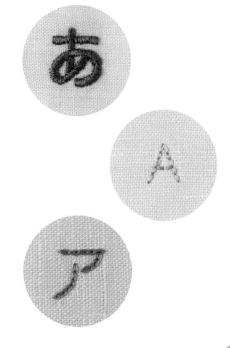

文字刺しゅうをしてみよう！

動画でCHECK!

バックステッチ

返し縫いの要領で、一針ごとに
戻りながら刺し進めるステッチで、
ミシン目のように線が
すき間なくつながります。

［バックステッチの刺し方］

CHECK!

1 刺し始めの位置から一目進んだ①から出す。

2 刺し始めの位置②に入れる。

3 ①〜②をくり返す。

針を入れるときに
糸を割らない
ように注意!

アレンジ ## ウィップドバックステッチの刺し方

1 バックステッチを刺す。

2 別の糸を針に通してステッチの下の①から出し、次の針目にくぐらせる。

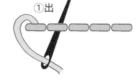

3 同様にしてくり返し巻きつけ、最後のステッチの下の②に入れる。

サテンステッチ

動画でCHECK!

面を埋めるステッチで、
ストレートステッチをすき間なく
刺して作ります。
ツヤツヤとした光沢が美しい
ステッチです。

［基本の刺し方］

1 図案の一番幅が広いところから刺し始める。①から針を出し、真下の②に入れる。

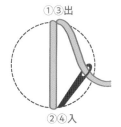

2 ①のすぐ隣の③から針を出し、真下の④に入れる。

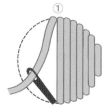

3 端まで刺したら①のすぐ隣から針を出し、反対側も同じように埋める。

POINT すき間があいてしまった場合

1 すき間があいてしまった位置に1本どりのストレートステッチを刺す。

2 すき間が埋まるまで刺し足す。

3 カーブを整える場合は、先に刺した糸のすき間に針を入れるとよい。

チェーンステッチ

動画でCHECK!

チェーンのように
輪をつなげるステッチです。
線と面の表現、
どちらにもよく使います。

....

［ チェーンステッチの刺し方 ］

1 刺し始めの①から針を出し、同じ位置の②に入れる。

2 ①②から一目分進んだ③から出す。

3 糸を引き、輪を好みの大きさにする。

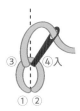

4 ③と同じ位置の④に針を入れ、**2**～**3**と同じように刺す。

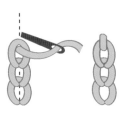

5 刺しおわりは輪をまたいだ位置に入れる。

こんなときどうする？ Q & A

刺しゅうを始めたばかりの方によく聞かれる内容をまとめました。
悩んだときはぜひ参考にしてみてください。

Q1 刺しゅうしたい生地と指定の糸の色が
同系色で目立たない

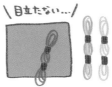
\目立たない…/

A 糸の色はお好みのものにアレンジしていただいてかまいません。グラデーション糸やラメ糸を使うと雰囲気がガラリと変わっておもしろいですよ。

Q2 お手本の写真と
仕上がりが違う気がする

\ていねいに…/

A まずは図案をていねいに写すことに気をつけてみてください。小さなことですが、一番仕上がりに直結します。また、刺しゅうは刺せば刺すほど上達します。ぜひ長い目で楽しんで！

Q3 図案をいくつか組み合わせたい！
上手に配置するには？

A 図案を印刷してバラバラにした後、布の上に置いて位置を決めるといいでしょう。位置が決まったらマスキングテープで留め、図案を写します。

Q4 刺しゅうした作品は
洗濯してもいいの？

30℃

A 裏面の糸始末がしっかりできていれば、洗濯ネットに入れて洗濯機で丸洗いして大丈夫。繊細な作品は中性洗剤を溶かした30℃以下の水につけてやさしく手洗いした後、タオルなどで水気を切って陰干ししてください。

バックステッチ

細い文字を刺す場合には、
バックステッチが手早く刺せて便利です。
初心者の方は
まずはこのステッチから始めてみましょう。

裏面

動画でCHECK!

....

POINT 1 書き順どおりに刺す

ひらがなの「は」の刺し順。
交差する部分、ハネ、丸い
部分など意識して刺すとキ
レイな仕上がりに。

アルファベットの「m」の
刺し順。線が重なる部分を
確認しながら刺す。

....

POINT 2 ステッチの長さを揃える

ステッチの長さを揃えると
仕上がりの印象もキレイに。
刺すときに「布の縦糸3本
分が1ステッチ」など、目
安を決めると刺しやすい。

曲線は直線よりも細かく刺
すとなめらかなカーブに仕
上がる。

28

POINT 3

ハネ、角、交差する部分は穴を統一！

ハネ、角は同じ穴へ入れる＆出す。穴を揃えないと線がガタガタした印象になるため、必ず穴を統一する。

交差する部分は同じ穴へ入れる＆出す。先に刺した糸を割らないように注意。

POINT 4

布の織り目をいかす＆ステッチのすき間や重なりに注意！

織り目が見える布を使う場合は、織り目をガイドにして刺していくと途中で曲がらずにきれいに刺せる。

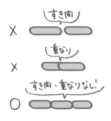

刺すときはステッチの糸のすき間や、重なりにも注意。先に刺した糸に重ねると糸が割れた状態になって見栄えが悪くなってしまう。

バックステッチの作品例

布と糸の色の組み合わせを楽しんで

バックステッチで名前を刺した例です。シンプルなステッチなので、お子さんが身につける小物など身近なものに刺すのにぴったり。余裕があるときはワンポイント図案と組み合わせてアレンジ！

➡ P.100

チェーンステッチ

はっきりとしたラインを表現したい場合は
チェーンステッチがオススメ。
小さな輪がつながったステッチで、
仕上がりがふっくらとして、
やわらかな立体感が出ます。

裏面

動画でCHECK!

POINT ① 書き順どおりに刺す

① ② ③

ひらがなの「は」の刺し順。
交差する部分、ハネ、丸い
部分など意識して刺すとキ
レイな仕上がりに。

① ② ③

アルファベットの「m」の
刺し順。線が重なる部分を
確認しながら刺す。

POINT ② チェーンの輪の大きさを揃える

\ 揃っていてキレイ！ /

\ ガタガタに見える /

チェーンの輪の大きさを
「布の縦糸3本分」など、目
安を決めて揃えるとキレイ
に仕上がる。

なめらかな曲線に
なる

曲線は直線よりも細かく刺
すとなめらかなカーブに仕
上がる。

POINT 3 ハネ、角はチェーンの中から刺し始める

直線部分を刺したら一度輪を留める。

一度留めよう！

輪の中からスタート！

最後に刺したチェーンの輪の中から再び刺し始める。

POINT 4 交差する部分と接する部分に注意！

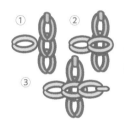

① ② ③

チェーンが交差する部分は、先に刺したステッチの上をまたいで刺す。

アルファベットのｒ や ｍ など！

線が重なる部分は、先に刺したステッチの輪の中から刺し始める。

輪のおわりをきれいに閉じる方法

1

刺しおわりにチェーン1つ分のスペースをあけたまま、糸を最初の輪にかける（糸2本に通す）。

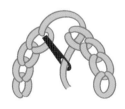

2

最後の輪の中に針を入れる。

3

輪と輪がきれいにつながる。

わ	ら	や	ま	は
	り		み	ひ
を	る	ゆ	む	ふ
	れ		め	へ
ん	ろ	よ	も	ほ

32

な	た	さ	か	あ
に	ち	し	き	い
ぬ	つ	す	く	う
ね	て	せ	け	え
の	と	そ	こ	お

※布は国産仕様リネン100％広幅キャンバスのペールイエロー（生地のたけみや）、刺しゅう糸はDMC25番糸996を使用。

ひらがな
〈細・バックステッチ〉

※すべてバックステッチ（3）。刺し順はすべて書き順どおり。

わ	ら	や	ま	は
	り		み	ひ
を	る	ゆ	む	ふ
	れ		め	へ
ん	ろ	よ	も	ほ

あ	か	さ	た	な
い	き	し	ち	に
う	く	す	つ	ぬ
え	け	せ	て	ね
お	こ	そ	と	の

ウ	ラ	ヤ	マ	ハ
	リ		ミ	ヒ
ヲ	ル	ユ	ム	フ
	レ		メ	ヘ
ン	ロ	ヨ	モ	ホ

ナ タ サ カ ア

ニ チ シ キ イ

ヌ ツ ス ク ウ

ネ テ セ ケ エ

ノ ト ソ コ オ

※布は国産仕様リネン100％広幅キャンバスのペールピンク（生地のたけみや）、刺しゅう糸はDMC25番糸702を使用。

図案　※すべてチェーンステッチ（3）。刺し順はすべて書き順どおり。

ワ　ラ　ヤ　マ　ハ

　　リ　　　ミ　ヒ

ヲ　ル　ユ　ム　フ

　　レ　　　メ　ヘ

ン　ロ　ヨ　モ　ホ

ナ タ サ カ ア

ニ チ シ キ イ

ヌ ツ ス ク ウ

ネ テ セ ケ エ

ノ ト ソ コ オ

A B C D E F G

H I J K L M N

O P Q R S T

U V W X Y Z

a b c d e f g

h i j k l m n

o p q r s t u

v w x y z

※布は国産仕様リネン100％広幅キャンバスのペールイエロー（生地のたけみや）、刺しゅう糸はDMC25番糸996を使用。

図案　　※すべてバックステッチ（3）。刺し順はすべて書き順どおり。

A B C D E F G

H I J K L M N

O P Q R S T

U V W X Y Z

a b c d e f g

h i j k l m n

o p q r s t u

v w x y z

※布は国産仕様リネン100％広幅キャンバスのペールピンク（生地のたけみや）、刺しゅう糸はDMC25番糸702を使用。

図案　　※すべてチェーンステッチ（2）。刺し順はすべて書き順どおり。

$$A \quad B \quad C \quad D \quad E \quad F \quad G$$

$$H \quad I \quad J \quad K \quad L \quad M \quad N$$

$$O \quad P \quad Q \quad R \quad S \quad T \quad U$$

$$V \quad W \quad X \quad Y \quad Z$$

アルファベット小文字・筆記体
〈細・チェーンステッチ〉

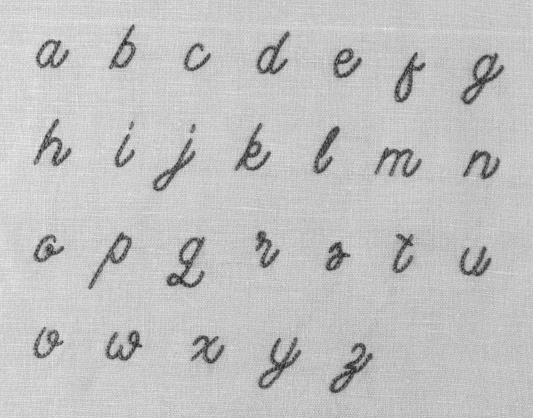

※布は国産仕様リネン100％広幅キャンバスのペールピンク（生地のたけみや）、刺しゅう糸はDMC25番糸702を使用。

図案　※すべてチェーンステッチ（2）。刺し順はすべて書き順どおり。

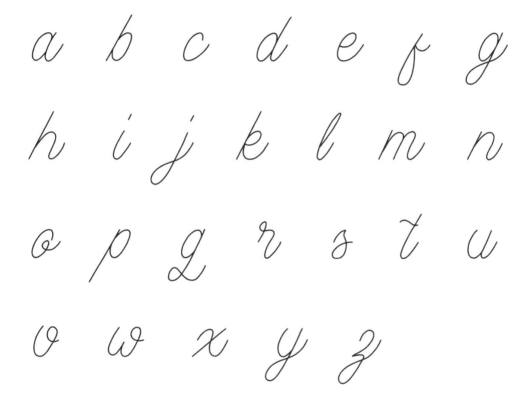

サテンステッチ　ななめサテンステッチ

裏面

動画でCHECK!

裏面

動画でCHECK!

太い文字を刺す場合は、
サテンステッチやななめサテンステッチを使います。
ツヤツヤ＆ぷっくりとした仕上がりで遠くから見ても存在感があります。

POINT 1　サテンステッチはパーツごとに分解して刺す

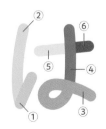

ひらがなの「は」の刺し順。
交差する部分、ハネ、丸い
部分などを意識して刺す。

アルファベットの「m」の
刺し順。線が重なる部分を
確認しながら刺す。

POINT 2 ステッチは 「幅がせまい方向」 に刺す

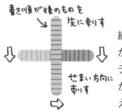

線が交差する部分は書き順が後の画から先に刺す。ステッチを刺す方向は、「幅がせまい方向に刺す」と覚えると迷わない。

カーブや円を刺すときは最初に放射状にガイド線を刺し、ブロックごとに刺すとキレイに仕上がる。

POINT 3 ハネやくるんと曲がる部分は2つの画に分解する

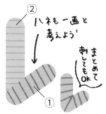

ハネは「縦線」と「ななめの線」の2画と考える。書き順が後の「ななめの線」から刺す。

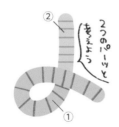

くるんと曲がる部分も「縦線」と「曲線」の2画と考える。書き順が後の「曲線」から刺す。

POINT 4 ななめサテンステッチは布の織り目をガイドに！

平織りの布の場合、布の織り目をよく見ると、縦糸と横糸が交わったななめのラインが見えてくるのでそれをガイドに刺す。

文字を続けて刺す場合も角度を揃える。左のイラストのように、隣り合うAとBの文字の間にも見えない糸でつながっているイメージで、同じ角度で刺す。

チェーンステッチ

チェーンステッチを
数本並べて刺せば、
太い文字を表現することもできます。
ふんわりとした質感で
これだけで存在感が出ます。

――
裏面

動画でCHECK!

POINT 1 書き順どおりに刺す

ひらがなの「は」の刺し順。
交差する部分、ハネ、丸い
部分など意識して刺すとキ
レイな仕上がりに。

アルファベットの「m」の
刺し順。線が重なる部分を
確認しながら刺す。

POINT 2 チェーンの輪の大きさを揃える

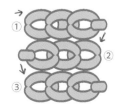

直線は一画ずつ往復に刺し、
つど留めてから次の段を刺
す。チェーンの輪の大きさ
を「布の縦糸3本分」など、
目安を決めて揃えるといい。

外側を先に刺す

曲線は外側を先に刺すと輪
郭がキレイに！ 直線より
も細かく刺すとなめらかな
カーブに仕上がる。

POINT 3 折り返すように刺す

［ハネの刺し方］

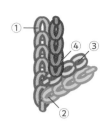

外側の縦線①を刺して一度留め、刺しおわりのチェーンの中から②を刺す。上の段③に移り、①の縦線にぶつかったらチェーンの中へ入れて留める。③の刺しおわりのチェーンから④を刺す。

［カーブの刺し方］

「の」のようにくるんとカーブする部分は書き始めの位置から1段目をスタートする。2段目は折り返して「の」のはらいの位置から刺し始める。

POINT 4 交差する部分と接する部分に注意！

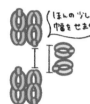

チェーンが交差する部分は、後から刺すステッチ分の幅をあけて刺す。このとき、後から刺すステッチの輪よりも糸1本分ほど幅をせまくするとキレイな仕上がりになる。

チェーンとチェーンが重なる部分は先に刺したステッチの輪の中から刺し始め、中で留める。

作品例

いろんな図案に挑戦してみよう！

写真の「月齢ぬいぐるみ」の数字は、チェーンステッチの線と面を刺す方法を組み合わせています。シンプルな数字もチェーンが連なって立体感のあるかわいい印象に！

➡ P.112

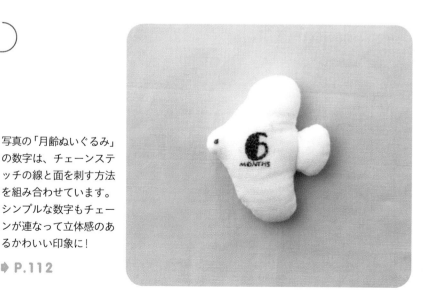

わ ら や ま は
　 り 　 み ひ
を る ゆ む ふ
　 れ 　 め へ
ん る よ も ほ

な	た	さ	か	あ
に	ち	し	き	い
ぬ	つ	す	く	う
ね	て	せ	け	え
の	と	そ	こ	お

※布はLIBECO モナコ／アイスブルー（the linen bird 二子玉川）、刺しゅう糸はDMC25番糸553を使用。

ひらがな
〈太・サテンステッチ〉

図案 ※すべてサテンステッチ（3）。

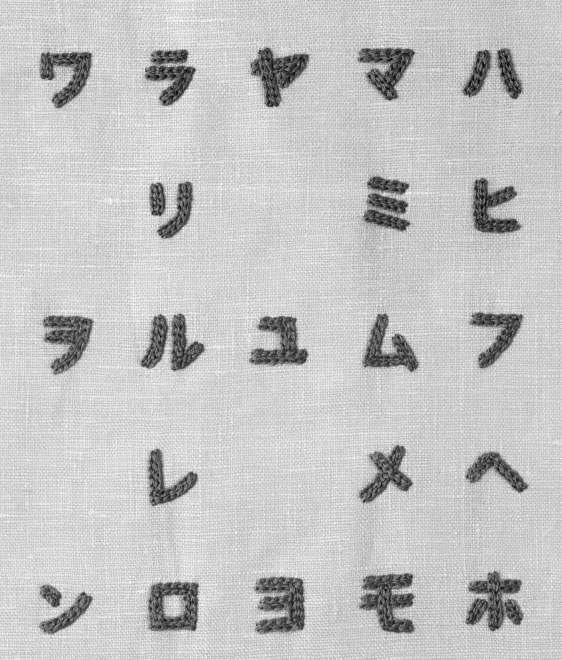

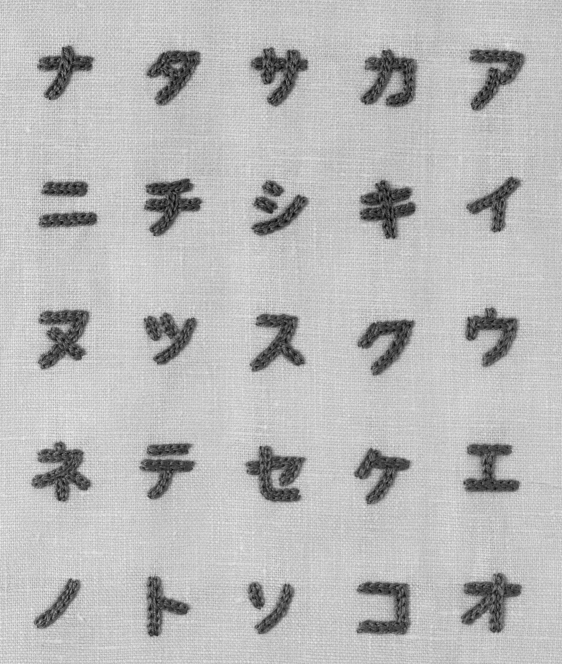

※布は国産仕様リネン100％広幅キャンバスのペールピンク（生地のたけみや）。刺しゅう糸はDMC25番糸702を使用。

カタカナ
〈太・チェーンステッチ〉

図案　※すべてチェーンステッチ（3）。

 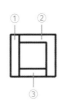   

アルファベット小文字・筆記体〈太・ななめサテンステッチ〉

abcdefghijklmn
opqrstuvwxyz

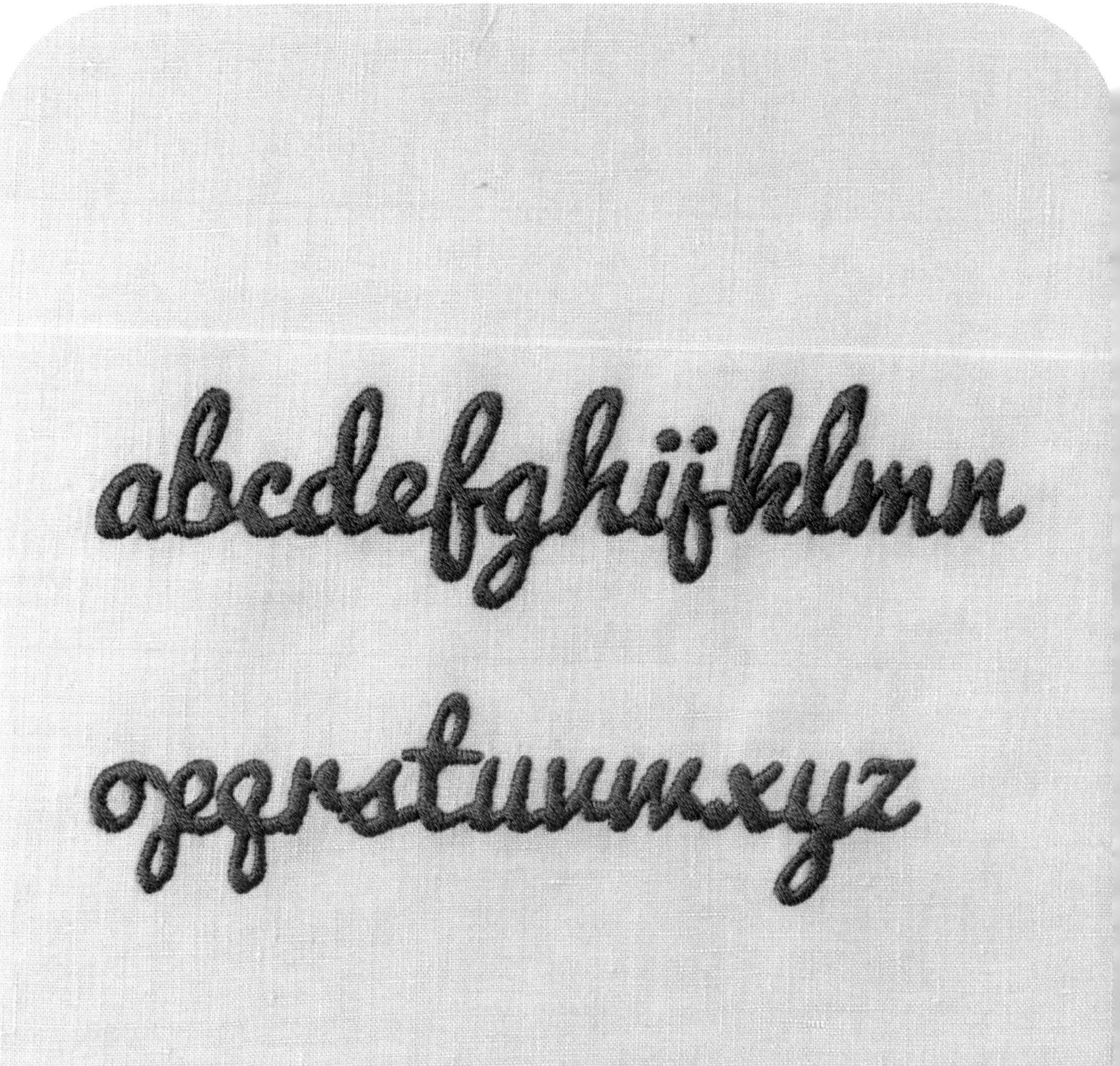

※布はLIBECO モナコ／アイスブルー（the linen bird 二子玉川）。刺しゅう糸はDMC25番糸553を使用。

図案　　※すべてななめサテンステッチ（3）。

abcdefghijklmn

opqrstuvwxyz

サテンステッチ

へんやつくりなどによく使われている
漢字を例に、漢字を刺す場合の
コツや刺し順のポイントを紹介します。
どの漢字にも共通するポイントなので、
刺したい文字に当てはめて
刺してみてください。

裏面

動画でCHECK!

......

POINT ① 交差する部分と接する部分に注意！

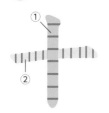

ステッチが交差する部分は
書き順が後の画を先に刺す。

ステッチとステッチが接す
る部分は、すき間があかな
い＆重ならないように注意。

......

POINT ② 「角」と「内側」の画に気をつけよう！

角は放射状にガイド線を入
れて刺すとなめらかな曲線
に仕上がる。

内側に位置する画は、周り
の画の後に刺す。

POINT 3 「はらい」はガイド線を入れてなめらかに！

接する部分に対して平行

はらいの1針目は接する部分に対して平行に刺す。

ななめにガイド線を入れる

2針目以降は放射状にガイド線を入れ、なめらかな線に仕上がるように刺す。

POINT 4 基本は書き順どおりに、接する部分は幅が広い画を先に

接する部分は幅を確認しよう！

基本的に書き順どおりに進めるが、接する部分は幅が広い画を先に刺す。接する部分を刺した後、再び書き順どおり刺していく。

「立」の刺し順と「正」の刺し順。どの漢字も幅を観察すれば刺し順がわかるようになるはず！

作品例

モチーフと組み合わせると豪華！

写真の「朝陽」という漢字の名前部分にサテンステッチを使っています。命名書など、名前をメインに大きく刺したいときにはサテンステッチがオススメです。

➡ P.122

文字アプリを活用してみよう

文字刺しゅうをするときに便利な文字アプリ。
私がよく使っているオススメのものをご紹介します。

※文字アプリには商用利用不可のフォントも含まれている場合があります。
必ず利用範囲を確認して、個人の利用の範囲内で使用してください。

PART 3

文字と組み合わせて使える ワンポイント図案集

文字刺しゅうは
ワンポイント図案を
組み合わせると、
もっとかわいくなります！
この章では、9つのテーマの
図案をご紹介。
よく使うステッチも
解説しているので
参考にしてみてください。

ストレートステッチ

動画でCHECK!

一針出して
入れるだけのステッチ。
針目の長さや太さ、
角度を変えて
さまざまな表情が作れます。

[ストレートステッチの刺し方]

1 刺し始めの①から出し、②に
入れる。

2 一針刺した状態。

3 続けて刺す場合は、糸を切ら
ずにそのまま次の位置③⑤⑦
から糸を出して④⑥に入れる。

(ストレートステッチの作品例)

ホタルの光の線はストレート
ステッチを使って表現。シン
プルなステッチなので、ほか
のステッチと組み合わせて使
うことが多いです。

➡ P.82

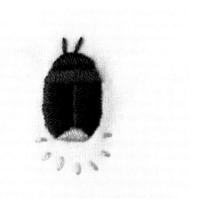

ロング＆ショートステッチ

動画でCHECK!

長い針目と短い針目を交互に
刺すことで、面を埋めるステッチ。
面積が広い図案を刺す場合など、
サテンステッチだと針目が
長くなるときによく使います。

［ロング＆ショートステッチの刺し方］

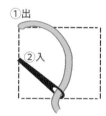

1 刺し始めの①から針を出し、真下の②に入れる。長さは1cmほどが目安。

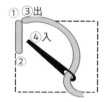

2 ①のすぐ横の③から出し、真下の④に入れる。このとき①－②よりも少し短めの6〜8mmで刺す。

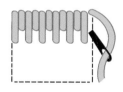

3 端まで長、短、長、短……をくり返す。

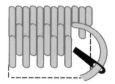

4 2段目以降は一定の長さの糸目で刺していく。上の段の糸に少し重ねて刺すと表面がなめらかになる。

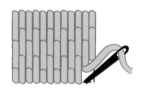

5 最後の段は図案に合わせて刺す長さを調節する。

6 複雑な形の図案は、ランダムな長短の針目でOK。幅がせまい部分はサテンステッチで刺す。

アウトラインステッチ

動画でCHECK!

糸がねじれるように
重なるステッチ。
輪郭線などのふちどりや、
植物の茎などの表現に
よく使われます。
すき間なく刺すことで
面を埋めることもできます。

[アウトラインステッチの刺し方]

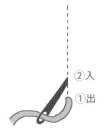

1 刺し始めの①から針を出し、②に入れる。

2 糸を横によけ、①と同じ位置の③から出す。

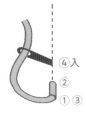

3 糸を引き締め、2針先の④に入れる。

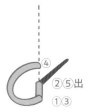

4 糸を横によけ、②と同じ位置の⑤から出す。

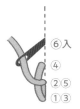

5 糸を引き締め、2針先の⑥に入れる。これをくり返す。

6 刺しおわりはすぐ上の⑩と同じ位置⑫に入れる。

レゼーデイジーステッチ

動画でCHECK!

花びらのようなステッチ。
連続して刺すと
チェーンステッチに
なります。
放射状に丸く刺すと
花を表現できます。

［レゼーデイジーステッチの刺し方］

1 刺し始めの①から針を出し、同じ位置の②に入れる。

2 ①の一目分進んだ③から針を出し、針に糸をかける。

3 糸を引いて輪を好みの大きさにする。

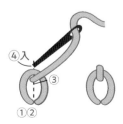

4 ③のすぐ上の輪をまたいだ位置④に入れる。

POINT ストレートステッチを足す場合

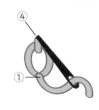

レゼーデイジーステッチの刺し始めの①と同じ位置から出す。刺しおわりの④と同じ位置に入れる。

フレンチノットステッチ

動画でCHECK!

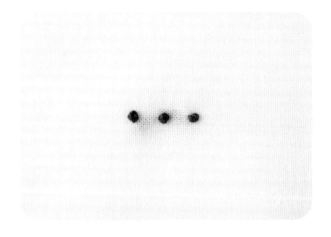

結び玉を作るステッチで、
ドット風の模様や
どうぶつ＆人物の表情などを
刺しゅうするときによく使います。
糸の本数や巻く回数で
大きさが変わります。

［フレンチノットステッチの刺し方］

1 ①から出す。

2 針先を上に向け、①から出ている糸を図案の指定の回数針に巻く（イラストでは2回）。

3 糸をおさえて引き締める。

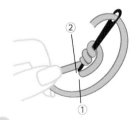

4 糸をピンと張ったまま針を下に向け、①のすぐ近くの②に入れる。

5 裏へ針を引き抜くと玉ができる。

スパイダーウェブステッチ

動画でCHECK!

うず巻き状になった
円形のステッチ。
バラの花や円などを
表現するときに
よく使われます。

［スパイダーウェブステッチの刺し方］

1 刺し始めの①から出し、少し
離れた②に入れる。

2 中心の③から出し、①-②の
糸を針にかける。

3 ④に入れ、Y字形にする。

4 ⑤から出し、①-②の糸の下
をくぐらせて⑥に入れ、への
字形にする。

5 ③の近くの⑦から出し、5本
のステッチの糸に、交互にく
ぐらせる。

6 数周くぐらせて5本のステッ
チが隠れるサイズの円になっ
たら、うず巻きの下の⑧に針
を入れて刺しおわりを隠す。

フルーツ

図案

※布は国産仕様リネン100％広幅キャンバスのオフホワイト（生地のたけみや）を使用。
※刺しゅう糸の色の指定はページ下部のカラーチップと色番号を参照。すべてDMC25番糸。

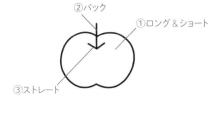

②バック
①ロング＆ショート
③ストレート

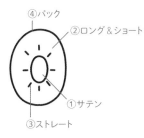

④バック
②ロング＆ショート
①サテン
③ストレート

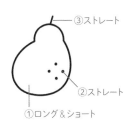

③ストレート
②ストレート
①ロング＆ショート

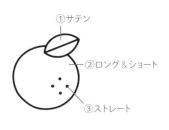

①サテン
②ロング＆ショート
③ストレート

④バック
①サテン
②ロング＆ショート
③ストレート

③ストレート
②バック
①実サテン

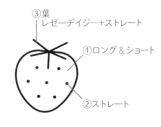

③葉
レゼーデイジー＋ストレート
①ロング＆ショート
②ストレート

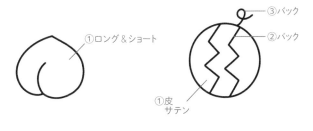

①ロング＆ショート

③バック
②バック
①皮
サテン

⑤ストレート
④バック
①サテン（2）
②サテン
③サテン

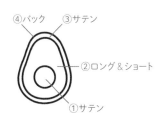

④バック　③サテン
②ロング＆ショート
①サテン

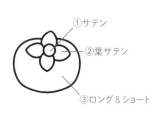

①サテン
②葉サテン
③ロング＆ショート

◯ 3865　● 3799　● 349　● 3689　● 726　● 741　● 702　● 907　● 3031

※表記は刺し順／ステッチの種類／本数の順です。指定がない場合はすべて3本取り。

図案

※布は国産仕様リネン100％広幅キャンバスのオフホワイト（生地のたけみや）を使用。
※刺しゅう糸の色の指定はページ下部のカラーチップと色番号を参照。すべてDMC25番糸。

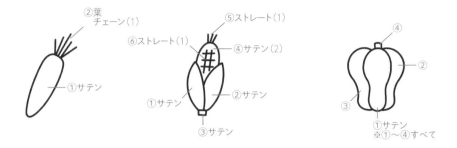

②葉
チェーン(1)
①サテン

⑤ストレート(1)
⑥ストレート(1)
④サテン(2)
①サテン
②サテン
③サテン

④
②
③
①サテン
※①〜④すべて

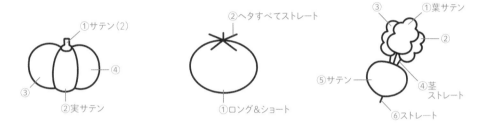

①サテン(2)
④
③
②実サテン

②ヘタすべてストレート
①ロング＆ショート

③
①葉サテン
②
⑤サテン
④茎
ストレート
⑥ストレート

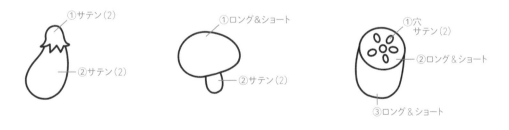

①サテン(2)
②サテン(2)

①ロング＆ショート
②サテン(2)

①穴
サテン(2)
②ロング＆ショート
③ロング＆ショート

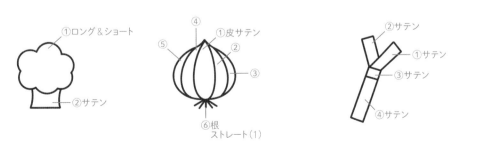

①ロング＆ショート
②サテン

④
⑤
①皮サテン
②
③
⑥根
ストレート(1)

②サテン
①サテン
③サテン
④サテン

 3865　● 349　● 553　● 726　● 741　● 702　● 907　● 437　● 677

※表記は刺し順／ステッチの種類／本数の順です。指定がない場合はすべて3本取り。

いきもの ❶

図案

※布は国産仕様リネン100％広幅キャンバスのオフホワイト（生地のたけみや）を使用。
※刺しゅう糸の色の指定はページ下部のカラーチップと色番号を参照。すべてDMC25番糸。

①ロング＆ショート
②耳★
⑥サテン（2）
③ロング＆ショート
④手足★
⑤アウトライン

②ロング＆ショート
①★
③耳★
⑤★
④ロング＆ショート

⑤耳★
①目★
②ロング＆ショート
④手足★
③ロング＆ショート

②耳★
③もようサテン（2）
①ロング＆ショート
④手足すべて★
⑤★

③耳レゼーデイジー＋ストレート
②スパイダーウェブ
①ロング＆ショート
④スパイダーウェブ
⑤足すべて★
⑥ヒヅメすべて★

⑧つの★
②耳レゼーデイジー＋ストレート
⑨首輪バック
①ロング＆ショート
⑤★
③★
④ロング＆ショート
⑥足★
⑦ヒヅメ★

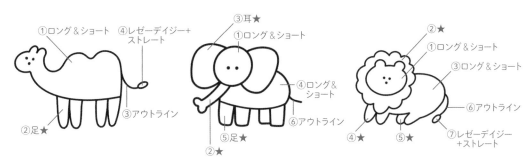

①ロング＆ショート
④レゼーデイジー＋ストレート
②足★
③アウトライン

③耳★
①ロング＆ショート
④ロング＆ショート
⑤足★
②★
⑥アウトライン

②★
①ロング＆ショート
③ロング＆ショート
⑥アウトライン
④★
⑤★
⑦レゼーデイジー＋ストレート

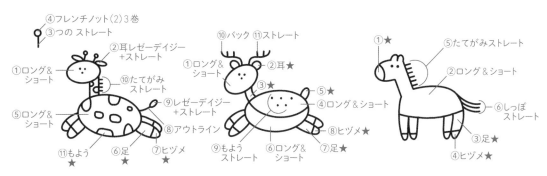

④フレンチノット（2）3巻
③つの ストレート
②耳レゼーデイジー＋ストレート
①ロング＆ショート
⑩たてがみストレート
⑨レゼーデイジー＋ストレート
⑤ロング＆ショート
⑧アウトライン
⑪もよう★
⑥足★
⑦ヒヅメ★

⑩バック ⑪ストレート
①ロング＆ショート
②耳★
③★
⑤★
④ロング＆ショート
⑨もようストレート
⑥ロング＆ショート
⑧ヒヅメ★
⑦足★

①★
⑤たてがみストレート
②ロング＆ショート
⑥しっぽストレート
③足★
④ヒヅメ★

○ 3865　● 3799　● 03　● 349　○ 726　● 3031　● 437　○ 677　○ 3689

※表記は刺し順／ステッチの種類／本数の順です。指定がない場合はすべて3本取り。★はすべてサテンステッチ（3）。
※指定以外の目・鼻・口はすべてストレートステッチ（3）で最後に刺す。

いきもの ❷

図案

※布は国産仕様リネン100％広幅キャンバスのオフホワイト（生地のたけみや）を使用。
※刺しゅう糸の色の指定はページ下部のカラーチップと色番号を参照。すべてDMC25番糸。

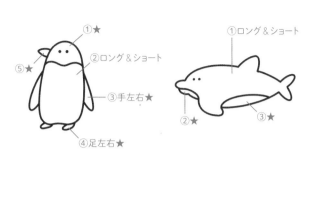

①★
②ロング＆ショート
⑤
③手左右★
④足左右★

①ロング＆ショート
②★
③★

④潮バック
①★
②★
③おなか★

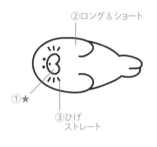

②ロング＆ショート
①★
③ひげ
ストレート

①ロング＆
ショート
②★
③ヒレ★

②★
①ロング＆ショート
④手足★
③しっぽ★
⑤もようストレート

①★
②顔のもよう★
④★
③ロング＆
ショート
⑦尾羽バック
⑥足ストレート
⑤★

③毛ストレート
①★
②ロング＆
ショート
④足ストレート

①★
②★

②耳★
①ロング＆ショート
④ロング＆
ショート
③足★

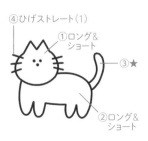

④ひげストレート(1)
①ロング＆
ショート
③★
②ロング＆
ショート

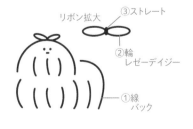

リボン拡大
③ストレート
②輪
レゼーデイジー
①線
バック

 3865　 3799　03　 747　 996　 726　 741　 702　 907　 3031

※表記は刺し順／ステッチの種類／本数の順です。指定がない場合はすべて3本取り。★はすべてサテンステッチ（3）。
※指定以外の目・鼻・口はすべてストレートステッチ（3）で最後に刺す。

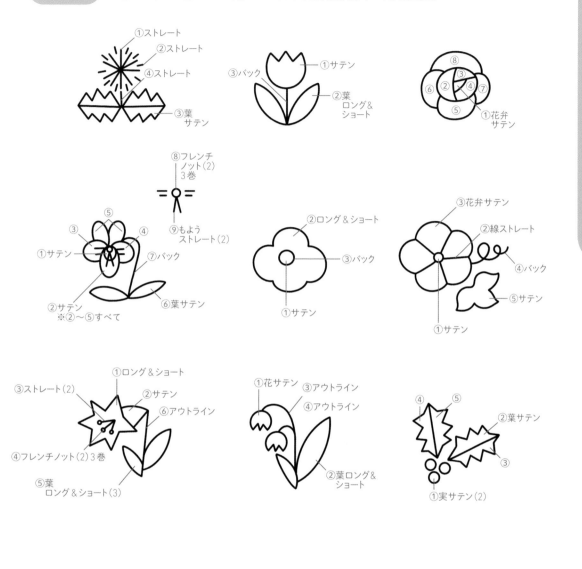

※布は国産仕様リネン100％広幅キャンバスのオフホワイト（生地のたけみや）を使用。
※刺しゅう糸の色の指定はページ下部のカラーチップと色番号を参照。すべてDMC25番糸。

①ストレート
②ストレート
④ストレート
③葉サテン

③バック
①サテン
②葉ロング＆ショート

⑧
③
②
⑥④⑦
⑤
①花弁サテン

⑧フレンチノット（2）3巻
⑨もようストレート（2）

⑤
③
①サテン
④
②サテン
※②～⑤すべて
⑦バック
⑥葉サテン

②ロング＆ショート
③バック
①サテン

③花弁サテン
②線ストレート
④バック
⑤サテン
①サテン

①ロング＆ショート
③ストレート（2）
②サテン
⑥アウトライン
④フレンチノット（2）3巻
⑤葉ロング＆ショート（3）

①花サテン
③アウトライン
④アウトライン
②葉ロング＆ショート

④
⑤
②葉サテン
③
①実サテン（2）

③フレンチノット3巻
①ロング＆ショート
②ストレート

①花弁サテン
②
③
⑤
④
サテン

②花弁すべてサテン
⑨ストレート（6）
⑧ロング＆ショート
⑥
⑤
⑦もようストレート
④
③
①サテン

○ 3865　● 3799　● 996　● 349　● 3689　● 553　● 726　● 702　● 907

※表記は刺し順／ステッチの種類／本数の順です。指定がない場合はすべて3本取り。

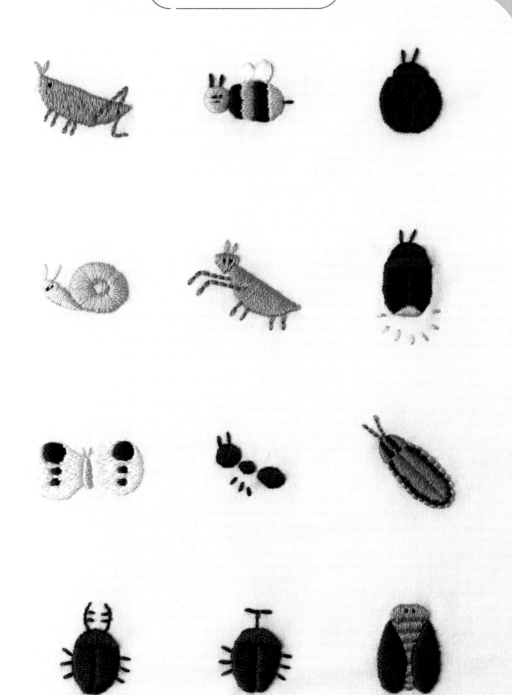

図案

※布は国産仕様リネン100％広幅キャンバスのオフホワイト（生地のたけみや）を使用。
※刺しゅう糸の色の指定はページ下部のカラーチップと色番号を参照。すべてDMC25番糸。

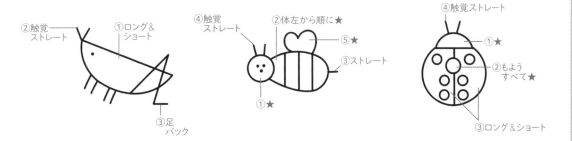

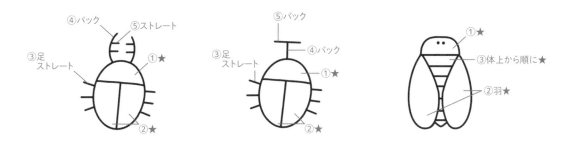

○ 3865　● 3799　● 03　● 996　● 349　○ 726　● 702　● 907　● 3031　○ 677

※表記は刺し順／ステッチの種類／本数の順です。指定がない場合はすべて3本取り。★はすべてサテンステッチ（3）。
※指定以外の目・口はすべてストレートステッチ（3）で最後に刺す。

図案

※布は国産仕様リネン100％広幅キャンバスのオフホワイト（生地のたけみや）を使用。
※刺しゅう糸の色の指定はページ下部のカラーチップと色番号を参照。すべてDMC25番糸。

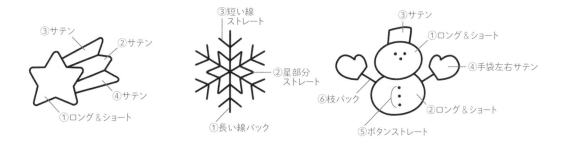

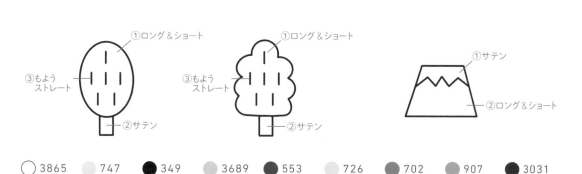

◯ 3865　　● 747　　● 349　　● 3689　　● 553　　● 726　　● 702　　● 907　　● 3031

※表記は刺し順／ステッチの種類／本数の順です。指定がない場合はすべて3本取り。
※指定以外の目・口はすべてストレートステッチ（3）で最後に刺す。

図案

※布は国産仕様リネン100％広幅キャンバスのオフホワイト（生地のたけみや）を使用。
※刺しゅう糸の色の指定はページ下部のカラーチップと色番号を参照。すべてDMC25番糸。

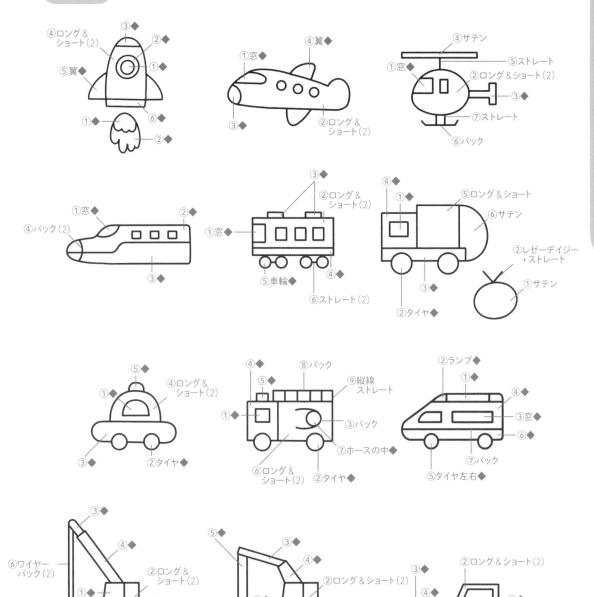

④ロング＆ショート(2)
③◆
②◆
①窓◆
⑤翼◆
①
⑥
②◆

④翼◆
①窓◆
③◆
②ロング＆ショート(2)

④サテン
①窓◆
⑤ストレート
②ロング＆ショート(2)
③◆
⑦ストレート
⑥バック

④バック(2)
①窓◆
②◆
③◆

③◆
②ロング＆ショート(2)
①窓◆
⑤車輪◆
④◆
⑥ストレート(2)

④◆
①◆
⑤ロング＆ショート
⑥サテン
②レゼーデイジー＋ストレート
①サテン
③◆
②タイヤ◆

⑤◆
①◆
④ロング＆ショート(2)
③◆
②タイヤ◆

④◆
⑤◆
⑧バック
⑨縦線ストレート
①◆
③バック
⑦ホースの中
⑥ロング＆ショート(2)
②タイヤ◆

②ランプ◆
④◆
③窓◆
⑥
⑦バック
⑤タイヤ左右◆

③◆
④◆
⑥ワイヤーバック(2)
①
②ロング＆ショート(2)
⑤◆
⑩フレンチノット2巻
⑨バック
⑦バック(2)
⑧◆

⑤◆
③◆
④◆
②ロング＆ショート(2)
①
⑧バック
⑨フレンチノット2巻
⑥
⑦

③◆
②ロング＆ショート(2)
④◆
①◆
⑥バック
⑤◆
⑦フレンチノット2巻

○ 3865　● 3799　● 03　○ 747　● 996　● 349　○ 726　● 907

※表記は刺し順／ステッチの種類／本数の順です。指定がない場合はすべて3本取り。◆はすべてサテンステッチ(2)。

図案

※布は国産仕様リネン100％広幅キャンバスのオフホワイト（生地のたけみや）を使用。
※刺しゅう糸の色の指定はページ下部のカラーチップと色番号を参照。すべてDMC25番糸。

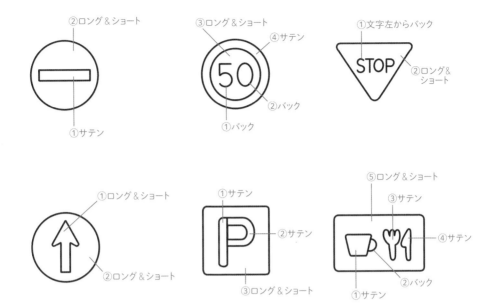

②ロング＆ショート
①サテン

③ロング＆ショート
④サテン
②バック
①バック

①文字左からバック
②ロング＆
ショート

①ロング＆ショート
②ロング＆ショート

①サテン
②サテン
③ロング＆ショート

⑤ロング＆ショート
③サテン
④サテン
①サテン
②バック

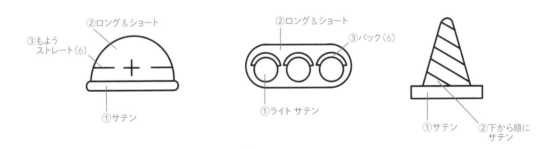

③もよう
ストレート（6）
②ロング＆ショート
①サテン

②ロング＆ショート
③バック（6）
①ライト サテン

①サテン
②下から順に
サテン

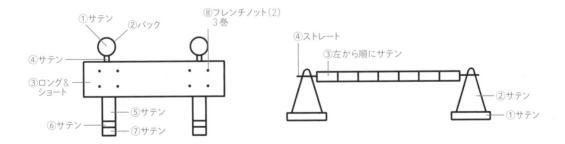

①サテン
②バック
⑧フレンチノット（2）
3巻
④サテン
③ロング＆
ショート
⑤サテン
⑥サテン
⑦サテン

④ストレート
③左から順にサテン
②サテン
①サテン

○ 3865　● 3799　● 03　● 996　● 349　● 726　● 702

※表記は刺し順／ステッチの種類／本数の順です。指定がない場合はすべて3本取り。

図案

※布は国産仕様リネン100％広幅キャンバスのオフホワイト（生地のたけみや）を使用。
※刺しゅう糸の色の指定はページ下部のカラーチップと色番号を参照。すべてDMC25番糸。

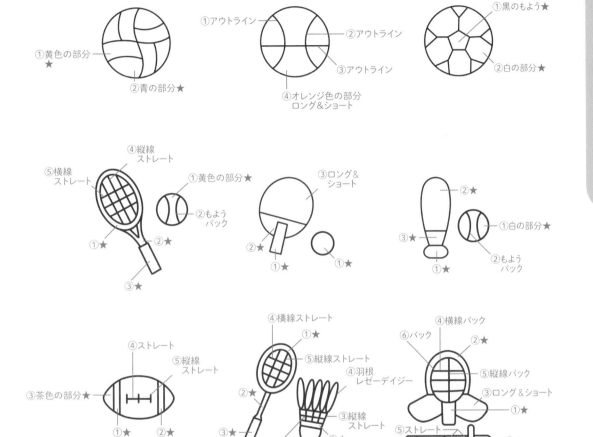

○ 3865　● 3799　● 03　● 996　● 349　○ 726　● 741　● 3031　○ 677

※表記は刺し順／ステッチの種類／本数の順です。指定がない場合はすべて3本取り。★はすべてサテンステッチ（3）。
※指定以外の目・鼻・口はすべてストレートステッチ（3）で最後に刺す。

図案

※布は国産仕様リネン100％広幅キャンバスのオフホワイト（生地のたけみや）を使用。
※刺しゅう糸の色の指定はページ下部のカラーチップと色番号を参照。すべてDMC25番糸。

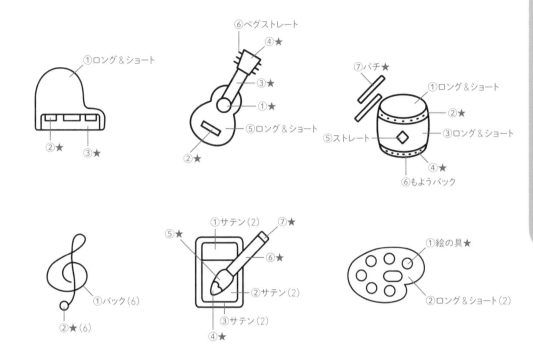

①ロング＆ショート

⑥ペグストレート
④★
③★
①★
⑤ロング＆ショート
②★

⑦バチ★
①ロング＆ショート
②★
③ロング＆ショート
⑤ストレート
④★
⑥もようバック

①バック（6）
②★（6）

⑤★
①サテン（2）
⑦★
⑥★
②サテン（2）
③サテン（2）
④★

①絵の具★
②ロング＆ショート（2）

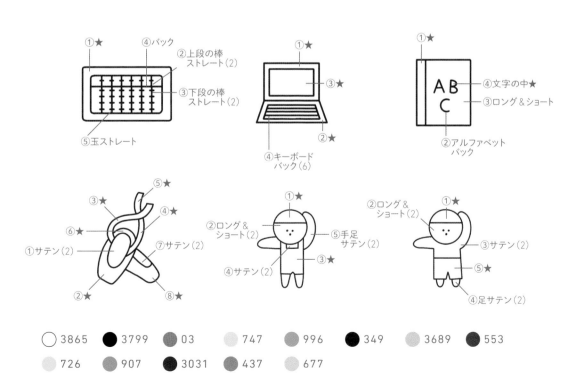

①★
④バック
②上段の棒
ストレート（2）
③下段の棒
ストレート（2）
⑤玉ストレート

①★
③★
②★
④キーボード
バック（6）

①★
④文字の中★
③ロング＆ショート
②アルファベット
バック

⑤★
③★
④★
⑥★
①サテン（2）
②★
⑦サテン（2）
⑧★

②ロング＆
ショート（2）
①★
⑤手足
サテン（2）
③★
④サテン（2）

②ロング＆
ショート（2）
①★
③サテン（2）
⑤★
④足サテン（2）

○3865 ●3799 ●03 ○747 ●996 ●349 ●3689 ●553
○726 ●907 ●3031 ●437 ○677

※表記は刺し順／ステッチの種類／本数の順です。指定がない場合はすべて3本取り。★はすべてサテンステッチ（3）。
※指定以外の目・鼻・口はすべてストレートステッチ（3）で最後に刺す。

図案

※布は国産仕様リネン100％広幅キャンバスのオフホワイト（生地のたけみや）を使用。
※刺しゅう糸の色の指定はページ下部のカラーチップと色番号を参照。すべてDMC25番糸。

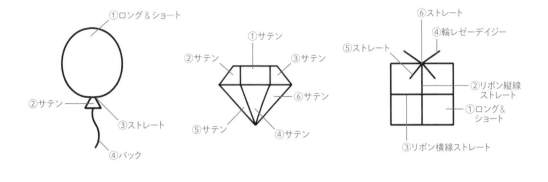

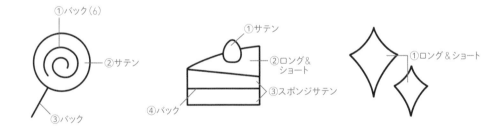

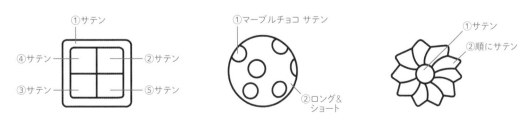

○ 3865　● 349　● 3689　● 726　● 907　● 3031　● 677

※表記は刺し順／ステッチの種類／本数の順です。指定がない場合はすべて3本取り。

服のトラブルに使える! レスキュー技2選

パンツやTシャツに穴があいてしまったり、擦り傷がついてしまったり……。
そんなときに覚えておくと便利なテクニックをご紹介します。

［コの字とじ］
裂けてしまった服のお直しや、
ぬいぐるみなどの返し口をとじるときに使います。

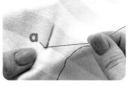

1 玉結びをし、穴から2〜3mm離れた位置aから針を出す。仕上げ時に穴から離した分だけ布が縮むため、離しすぎないように注意。

2 aのすぐ反対側のbに針を入れ、真上のcから針を出す。

3 cのすぐ反対側のdから針を入れ、真上のeから針を出す。これを穴の端までくり返す。

4 穴の端fまで刺せたら糸をゆっくりと引っ張る。

5 玉留めをしてfと同じ位置に針を入れる（縫い目に入れてもOK）。

6 **5**で針を入れたfの少し先から針を出す。玉留めが隠れたら糸を切る（写真は糸を切った状態）。

［刺しゅうワッペン］
大きな穴や擦り傷を隠すのに使います。
コの字とじより手軽です。

1 服を裏返して置く。穴が隠れるくらいの大きさに刺しゅう用の布地補強シートを切り、接着面を下にして置く。

2 穴を避けながら布地補強シートの端をアイロンで接着する。

3 服を表に返し、穴が隠れるくらいの大きさの刺しゅうワッペンを布用接着剤で貼り、アイロンで接着する。

ボンド 裁ほう上手（コニシ株式会社）

PART 4

身近なものに刺しゅうしてみよう！

慣れてきたら実際に小物に
刺しゅうしてみましょう。
お子さんの通園・通学グッズから
自分用に使えるグッズまで
10の作品を紹介しています。
もちろん、本書で紹介している
アイテム以外に
刺しゅうしても楽しめます。

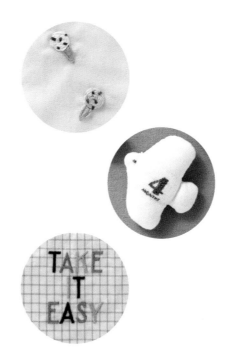

小物に刺しゅうしてみよう！

え〜でも立体物とか
硬い生地とか
毛足の長いタオルに
刺すのは
難しくない
ですか？

直接刺すのが
難しいものは
フェルトなどの
別布に刺してワッペンや
キーホルダーに
するのがオススメです

ワッペン

キーホルダー

なるほど〜

ワンポイントだけでも
刺しゅうが入っていると
ぐっっっっとかわいくなるので
チャレンジして
みてほしいです

巾着とか... 無地のTシャツとか...

よ〜し!!
早速
やってみますっ!

そのいきです〜!
刺しゅうは実践あるのみ
ですから!

お名前刺しゅうが
終わったら
自分用にも
刺しちゃおっかな〜

帽子

ゆる〜い恐竜とユニコーンが、
太陽の下で元気に遊ぶ子どもたちを
そっと見守ってくれます。
帽子のように
みんなと同じ色や形のアイテムこそ、
刺しゅうを楽しむチャンスです!

材料

子ども用の帽子
25番刺しゅう糸

道具

スマ・プリ®
手芸用接着剤

図案

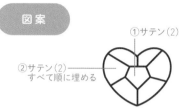

①サテン（2）
②サテン（2）
すべて順に埋める

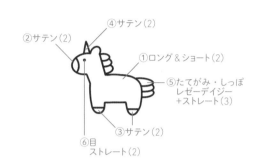

④サテン（2）
②サテン（2）
①ロング＆ショート（2）
⑤たてがみ・しっぽ
レゼーデイジー
＋ストレート（3）
③サテン（2）
⑥目
ストレート（2）

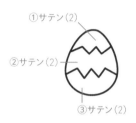

①サテン（2）
②サテン（2）
③サテン（2）

②目
ストレート（2）
①ロング＆ショート（2）

［恐竜・卵］

● 3826　　● 3821　　● 3346

［ハート・ペガサス］

● 3811　　● 813　　● 26　　● 727

刺し方のヒント

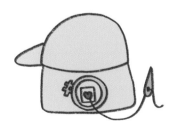

帽子などの立体物に図案を写すときはスマ・プリ®を使うと写しやすい。使い方はP.20を参照。

フェルトに刺しゅうしたものを接着剤で貼ってワッペンのように使ってもいい。

首元の日よけに名前とワンポイント図案を刺しゅう。かぶったときにモチーフが見えてかわいい！

うわばき

うわばきにつけられるシューズタグを
刺しゅうで作ってみませんか?
保育園や幼稚園でお子さんに割りあてられる
「個人マーク」を刺しゅうすれば、
文字が読めなくても下駄箱で迷いません。

材料

うわばき
25番刺しゅう糸
フェルト

リボン（幅1cm、長さ3cm）
シューズタグ用リング

道具

手芸用接着剤

図案

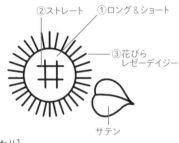

②ストレート　①ロング＆ショート

③花びら
レゼーデイジー

サテン

⑤バック　④サテン

①サテン

②サテン

③サテン

[ひまわり]
● 349　　◯ 726　　● 702　　● 3031

[船]
● 3799　　◯ 3865　　● 996

※すべて3本取り。

作り方

名前を直接刺しゅうする場合

少しムズカシイ

オススメ

うわばきの側面が刺しゅうしやすい。足の甲の部分は刺しにくいので慣れてきたら挑戦して！

シューズタグの作り方

1 フェルトに図案を刺しゅうしたら刺しゅうから2〜3mm外側をはさみで切る。同じサイズでもう1枚フェルトを切る。

2 フェルト2枚の間にリボンを二つ折りにしてはさみ、接着剤でフェルトを貼り合わせる。リボンにシューズタグ用リングを通す。

ひまり

ひまり

うわばきに直接名前を刺しゅうする場合は、ビニールタイプよりもやわらかい布タイプが刺しやすくオススメ。

リボンとリングの代わりに平ゴムを使ってもOK!!

ワッペン・キーホルダー

生地が硬くて刺しにくいカバンは、
ワッペンやキーホルダーに刺しゅうするのがオススメ。
ワンポイント図案に合わせて、
フェルト枠の糸の色を変えてみてください。

材料

フェルト（18 × 18 ㎝）　　リボン（幅1㎝、長さ5㎝）
25番刺しゅう糸　　　　　　キーホルダー用金具

道具

手芸用接着剤
木工用接着剤

図案

②ロング＆ショート

①ロング＆ショート

③ストレート

②バック

③ストレート

①ロング＆ショート

④ストレート

チェーン（6）

切り取り線

● 726
● 907
○ 3865
● 3799
● 3689

※指定のない場合は
すべて3本取り。

作り方

ワッペンの作り方

フェルトに図案を刺しゅうし、切り取り線に沿ってはさみで切る。接着剤で好きな小物に貼る。

キーホルダーの作り方

1 フェルトに図案を刺しゅうし、切り取り線に沿ってはさみで切る。同じサイズでもう1枚フェルトを切る。

2 フェルト2枚の間にリボンを二つ折りにしてはさみ、接着剤でフェルトを貼り合わせる。リボンにキーホルダー用金具をつける。

105

保育園や学校での生活に欠かせないコップ入れ。
こっそり刺しゅうしたダブルのアイスを見たら、
大人も子どももハッピーになるはず。

材料

巾着袋
25番刺しゅう糸

図案

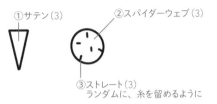

①サテン（3）　②スパイダーウェブ（3）
③ストレート（3）
ランダムに、糸を留めるように

◯ 747
● 3031
◯ 3689
● 3804
◯ 437

刺し方のヒント

1
巾着にランダムに図案を写し、サテンステッチでコーンを刺す。

ダブルも作ってみてね!!

2
スパイダーウェブステッチでコーンの上にアイスを刺す。

裏
接着芯

3
アイスの部分はほどけやすいため、糸を留めるように上からストレートステッチを刺す。ほつれが気になる場合は、刺しゅうした後に裏面に接着芯を貼るとより安心。

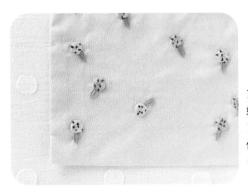

アイスの色はお子さんが好きな味に合わせてアレンジしてもOK。好きな位置に好きな数だけ刺しゅうしてください。

ブランケット

市販のブランケットに、
切手風デザインのワッペンをつけました。
「すやすやとよく眠れますように」という願いを込めた
「SUYASUYA消印」には、
お子さんの誕生日や記念日を刺しゅうしてください。

材料

ブランケット
フェルト

25番刺しゅう糸

道具

ピンキングばさみ
手芸用接着剤

図案

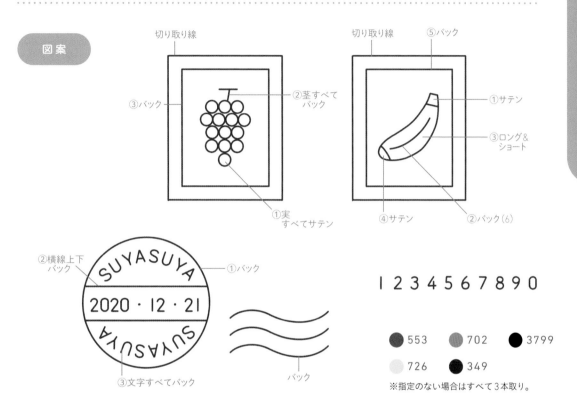

切り取り線

③バック

②茎すべて
バック

①実
すべてサテン

切り取り線

⑤バック

①サテン

③ロング＆
ショート

④サテン

②バック（6）

②横線上下
バック

①バック

③文字すべてバック

バック

SUYASUYA
2020・12・21
SUYASUYA

1234567890

● 553　　● 702　　● 3799
○ 726　　● 349

※指定のない場合はすべて3本取り。

作り方

切手の作り方

フェルトに図案を刺しゅうし、切り取り線に沿ってピンキングばさみで切る。

消印の作り方

1 フェルトに図案を刺しゅうし、刺しゅうから2〜3mm外側をはさみで切る。

2 接着剤でブランケットに貼る。

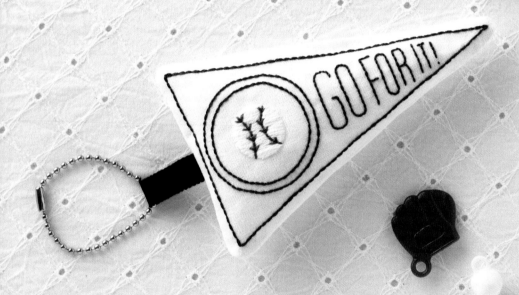

習いごとや部活をしているお子さんから、
スポーツの推し活をしている大人の方までおすすめ。
P90から好きな図案を選んで円の中に刺しゅうしましょう。
バックステッチだけで作れるから
初心者さんでも挑戦しやすいです。

材料 ※作品では布はシーチング、リボンは幅1cmのグログランリボンを使用。

好みの布（16×13cmを2枚）　　　手縫い糸（またはミシン）
25番刺しゅう糸　　　　　　　　　綿
リボン（6cm分）　　　　　　　　キーホルダー用のボールチェーン

図案

できあがり線

④バック
①バック
④バック
①バック
②バック
③文字バック
書き順どおり
返し口

④バック
②サテン
⑤もよう
ストレート
③サテン
①サテン

● 3750　● 349　○ 3865
※指定のない場合はすべて3本取り。

作り方

① 図案を布に写して刺しゅうし、できあがり線よりも少し大きめに裁断する。同じサイズでもう1枚布を切る。

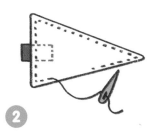

② 中表（布の表面：刺しゅうした面が内側にくるよう）に2枚を重ねて二つ折りにしたリボンをはさみ、返し口を残してできあがり線に沿ってなみ縫いでぐるりと縫う。

③ 返し口から表に返して綿を詰め、返し口をコの字とじ（P.96参照）で縫う。ボールチェーンをつける。

月齢ぬいぐるみ

生まれた日から1歳の誕生日までの
数字などを刺しゅうしたぬいぐるみ。
月齢フォト撮影のほか、おもちゃとしても大活躍！
赤ちゃんが大きくなるのに比例して、
どんどん小さく見えるとりたちにぐっとくるはずです。

好みの布（15×15㎝を2枚）
25番刺しゅう糸
接着芯
手縫い糸（またはミシン）
綿

道具

チャコペン

型紙・図案

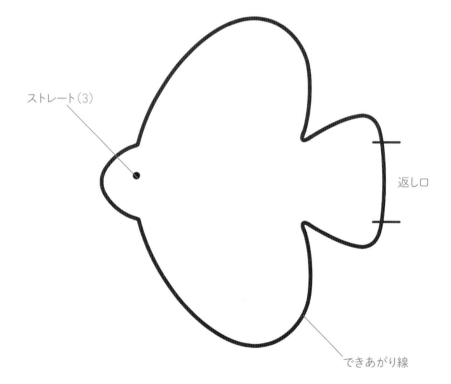

ストレート（3）

返し口

できあがり線

※布に計2枚写す。

図案

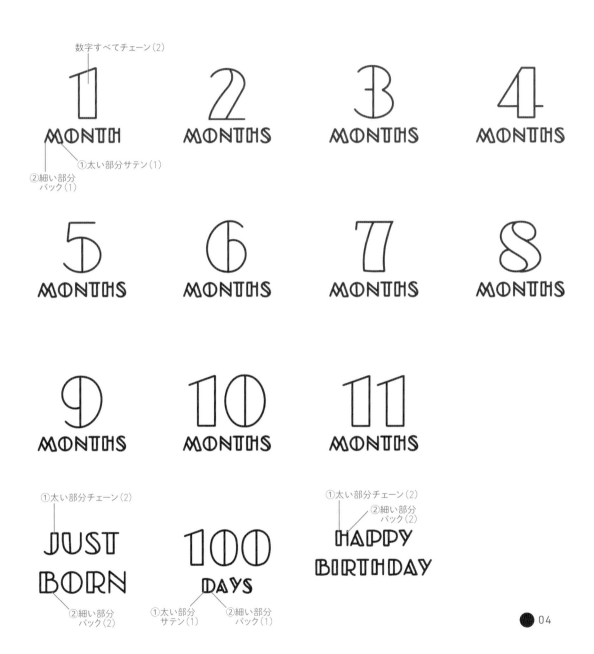

数字すべてチェーン（2）

①太い部分サテン（1）

②細い部分
バック（1）

1
MONTH

2
MONTHS

3
MONTHS

4
MONTHS

5
MONTHS

6
MONTHS

7
MONTHS

8
MONTHS

9
MONTHS

10
MONTHS

11
MONTHS

①太い部分チェーン（2）

JUST
BORN

②細い部分
バック（2）

100
DAYS

①太い部分
サテン（1）

②細い部分
バック（1）

①太い部分チェーン（2）

②細い部分
バック（2）

HAPPY
BIRTHDAY

04

作り方

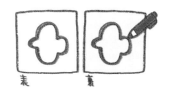

①

型紙をコピーして線に沿って切り取る。チャコペンで布の表面を上にして1枚、裏面を上にして1枚写す。

②

布の裏面に接着芯を重ね、図案を刺しゅうする。

③

外表（布の表面：刺しゅうした面が外側にくるように）にして布を重ね、5mmの縫い代をつけて切る。

④

中表（布の表面：刺しゅうした面が内側にくるよう）にして布を重ね、返し口を残してできあがり線に沿ってなみ縫いでぐるりと縫う。縫い代に5〜7mmの間隔ではさみで切り込みを入れる。

⑤

返し口から表に返して綿を詰める。

⑥

返し口をコの字とじで縫う。

SNSで人気だった作品です！

I'm new here.

TAKE
IT
EASY

「I'm new here＝新入りです」
「Take it easy＝のんびりいきましょう」
2種類の言葉を刺しゅうに。
ちょっぴりお疲れの日も、赤ちゃんの首元に
こんな言葉が刺しゅうされていたら
笑顔になれそう！

材料　　※スタイ1枚分。作品では布は生地のマルイシ 綿ポリウィ
　　　　　ンドウチェック（丸石織物）を使用。

好みの布（35×35㎝を2枚）
25番刺しゅう糸
スナップボタン（直径13㎜）1個
手縫い糸（またはミシン）

道具

セロハンテープ
チャコペン

型紙

※200％に拡大して2枚印刷
　して使用。

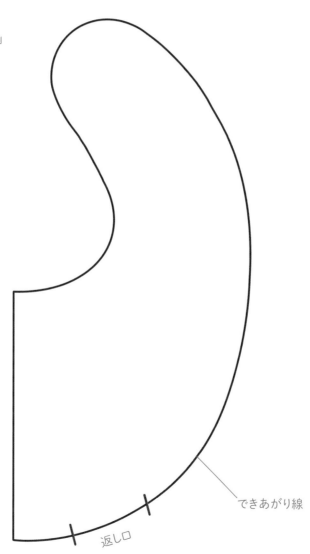

返し口

できあがり線

※表布と裏布に1枚ずつ写す。

図案

I'm new here.

● 3799
※すべてチェーン（2）。

TAKE
IT
EASY

● 930
● 3341
● 3819
※すべてななめサテン（3）。

作り方

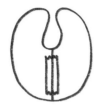

①

型紙を2枚コピーして線に沿って切り取る。1枚を裏返し、直線の部分をセロハンテープで貼り合わせる。

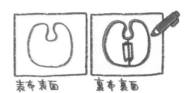

②

型紙を布に重ね、チャコペンでできあがり線を写す。表布と裏布1枚ずつ、計2枚写す。

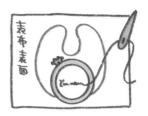

③

表布表面に図案を写して刺しゅうをする。

④

表布と裏布を中表（布の表面：刺しゅうした面が内側にくるよう）に重ね、1cmの縫い代をつけて布を切る。

⑤

返し口を残してできあがり線に沿ってなみ縫いでぐるりと縫う。縫い代に1cmの間隔ではさみで切り込みを入れる。

⑥

返し口から表に返し、返し口をコの字とじで縫う。スナップボタンをつける。

中表…布の表面を内側にして重ねる
外表…布の表面を外側にして重ねる

〈中表〉

〈外表〉

「赤ちゃんとお母さんをつないでいた大切なものだから、
特別な袋を作りたい」という思いを込めてデザインしました。
ピンクのチューリップは「愛の芽生え」
グリーンネックレスは「健やかな成長」と、
花言葉にもこだわって選びました。

材料	※袋のできあがリサイズは10×15cm。 作品では布はシーチング、リボンは幅5cmのオーガンジーを使用。	道具

好みの布（33cm×12cm）　　　手縫い糸　　　　　　　　チャコペン
25番刺しゅう糸　　　　　　　　リボン（80cm）

図案

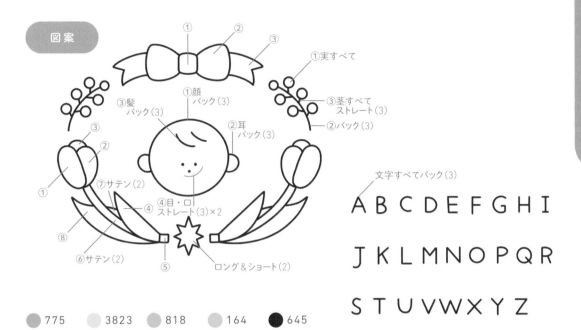

①実すべて

③髪
バック（3）

①顔
バック（3）

③茎すべて
ストレート（3）

②耳
バック（3）

②バック（3）

③
②
①

⑦サテン（2）

④
④目・口
ストレート（3）×2

⑧

⑥サテン（2）

⑤

ロング＆ショート（2）

文字すべてバック（3）

A B C D E F G H I

J K L M N O P Q R

S T U V W X Y Z

● 775　　● 3823　　● 818　　● 164　　● 645

※指定のない場合はすべてサテン（3）。

作り方

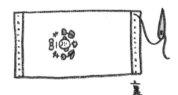

1
布に図案を写して刺しゅうし、上下の端を5mm幅で折り返し、なみ縫いする。

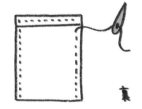

2
中表（布の表面：刺しゅうした面が内側にくるよう）にして半分に折り、両端から5mmをなみ縫いする。

3
表に返してリボンをつける。

命名書

命名

朝陽

二〇二四年二月十四日 生まれ

赤ちゃんの名前のお披露目に作る命名書。
お祝いの気持ちを込めて、
日の出、麻の葉、水引、青海波と
おめでたいモチーフを盛り込んだデザインにしました。
パネルに入れても、そのまま額縁に入れて飾っても◎

材料　※作品では布は国産仕様リネン100％広幅キャンバスのオフホワイト
　　　　　（生地のたけみや）を使用。

好みの布（35×30㎝）
25番刺しゅう糸

道具

ガンタッカー

図案　※指定がない場合すべてバックステッチ（3）。文字の刺し方はPART2参照。
　　　　※名前と日付は自由にアレンジして刺す。
　　　　※125％に拡大して使用。

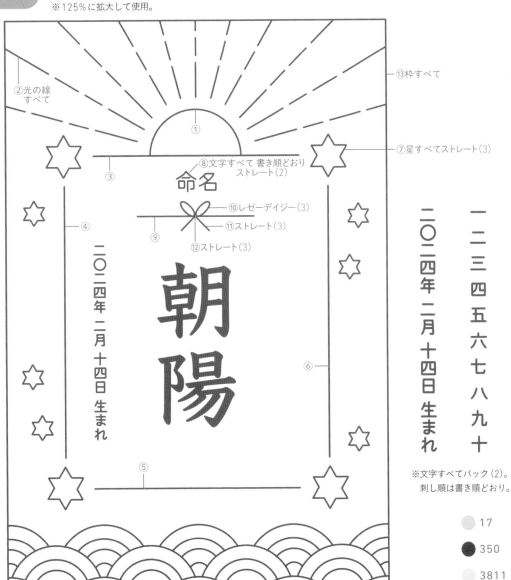

②光の線
　すべて

⑬枠すべて

⑦星すべてストレート（3）

⑧文字すべて 書き順どおり
　ストレート（2）

③

⑩レゼーデイジー（3）

⑨

⑪ストレート（3）

⑫ストレート（3）

④

命名

朝
陽

二〇二四年 二月十四日 生まれ

⑥

⑤

二〇二四年 二月十四日 生まれ

一二三四五六七八九十

※文字すべてバック（2）。
　刺し順は書き順どおり。

⑭青海波すべて下から順に

- 17
- 350
- 3811
- 3799

命名書

パネルへの貼り方

1 刺しゅうした布を裏返して置き、刺しゅうとパネルの中心を合わせるようにして布にパネルを裏面を上にして置く。

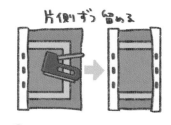

2 布がずれないように気をつけながら長辺をガンタッカーで留める。角から3〜5cmは留めずにあけておく。

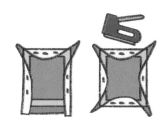

3 **2**と同じように短辺をガンタッカーで留める。

4 角がピンとなるように布を引っ張り、山折りにして折り目**a**をつける。

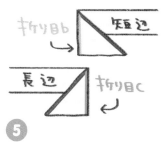

5 折り目**a**をつまみながら左右に倒し、折り目**b**・**c**をつける。

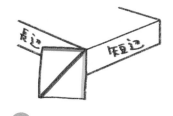

6 布を開き、**5**でつけた短辺側の折り目**b**をパネルの角に合わせる。

7 折り目**a**を谷折りにし、折り目**b**・**c**をパネルの角に合わせる。

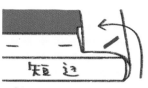

8 裏面へ折り返し、ガンタッカーで角を留める。残りの角も同じように留める。

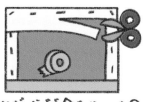

9 枠からはみ出した布をはさみで切る。仕上げに上からバイアステープやリボンを貼ってもいい。

COLUMN

汚れを隠す！ お助けワンポイント図案

食べこぼしや泥汚れなど、ついついシミや汚れがつきやすいお子さんの服。
そんな汚れをかわいく隠せる、便利な図案をご紹介します！

服の汚れやシミに合わせて図案を写して刺しゅうすれば、自分だけのかわいいリメイク服に！

図案

③目
ストレート

①ロング＆ショート

②足すべてサテン

③目
ストレート

①ロング＆ショート

②足すべて
サテン

④スミはストレート、
好きな長さで刺す

②サテン

①サテン

⑥ヘタ ストレート（2）

③サテン

④サテン

⑤ロング＆ショート

ロング＆ショート

サテン

サテン

● 349
● 3799
● 702
○ 3865

※指定がない場合はすべて3本取り。

おわりに

ここまで読んでくださり
ありがとうございました！
いかがでしたでしょうか？

同じ服でも見分けがつき、
ワンポイントでもぐっと
かわいくなる刺しゅう

私はそれを
むすめの園グッズや
服にお守りのような
気持ちで
つけています

日本には古くから子どもの着物の背中に刺しゅうをする
「背守り」というものがあり、
縫い目が「目」として
悪いものににらみをきかせて
守ってくれると
考えられていたそうです

昔も今も子どもを思う気持ちは
変わらないのだなぁと
思いながら、今日もせっせと
針仕事をしています

自分自身や
大切な誰かへの応援に、
もちろん何か特別な意味を
込めなくても……
この本を開いてくださった
あなたの日々にそっと
刺しゅうが寄りそえたら
うれしいです

Special Thanks

編集 長島さん

推しを語る
笑顔がサイコー

chiikoさん

色塗りを手伝ってくれて
ありがとう！ピクルス～

カメラマン 水野さん

バスケの話
もっと聞きたい！

ミキティ

差し入れのスタバで
元気出たよ！

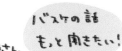
スタイリスト 鈴木さん

スタイリストさんって
すごい…が止まり
ませんでした

家族のみんな

いつも ありがとう
おいしいもの
食べに いこうね

デザイナー 狩野さん

明るく ハッピーな
デザイン ありがとう
ございました

SNSのフォロワーサン

いいね・コメントに
支えられてます！
これからも一緒に楽しみましょう

STAFF

イラスト・動画	ありま
撮影	水野聖二
スタイリング	鈴木亜希子
デザイン	狩野聡子 (tri)
撮影協力	UTUWA
校正	東京出版サービスセンター
編集	長島恵理(ワニブックス)

【問い合わせ先】

コニシ 接着相談室 ☎ 0120-281168
たけみや ☎ 093-621-5858
ディー・エム・シー ☎ 03-5296-7831
丸石織物 ☎ 0795-22-4769
the linen bird 二子玉川 ☎ 03-5797-5517
ルシアンお客様センター ☎ 0120-817-125

簡単! 3つのステッチから始める

文字刺しゅうBOOK

著者　ありま

2024年3月13日　初版発行

発行者　横内正昭
編集人　青柳有紀

発行所　株式会社ワニブックス
〒150-8482
東京都渋谷区恵比寿4-4-9　えびす大黒ビル
ワニブックスHP　http://www.wani.co.jp/

お問い合わせはメールで受け付けております。
HPより「お問い合わせ」へお進みください。
※内容によりましてはお答えできない場合がございます。

印刷所　TOPPAN株式会社
DTP　　株式会社明昌堂
製本所　ナショナル製本